Deux grenouilles en difficulté

Titre original de l'ouvrage en anglais publié par la
Self-Realization Fellowship,
Los Angeles, Californie, U.S.A. :
Two Frogs in Trouble

ISBN: 978-0-87612-351-5

Traduit en français par la Self-Realization Fellowship

Édition autorisée par le Conseil des Publications internationales de la Self-Realization Fellowship

Le nom « Self-Realization Fellowship » et l'emblème ci-dessus apparaissent sur tous les livres, enregistrements et autres publications de la SRF, garantissant aux lecteurs qu'une œuvre provient bien de l'organisation à but non lucratif établie par Paramahansa Yogananda et rend fidèlement ses enseignements.

Nous tenons à exprimer toute notre reconnaissance à Natalie Hale, écrivaine, Susie Richards, artiste, et Bentley Richards, infographiste, pour le travail qu'ils ont accompli dans le cadre de la préparation de cet ouvrage.

Première édition en français, 2023
First edition in French, 2023
Impression 2023
This printing 2023

ISBN: 978-1-68568-126-5

1195-J7838

Deux grenouilles en difficulté

Histoire inspirée d'une fable
racontée par

Paramahansa Yogananda

Self-Realization Fellowship
FOUNDED 1920 BY PARAMAHANSA YOGANANDA

Tandis que le soleil réchauffait l'énorme bosse de son dos, Grosse Grenouille somnolait tout près de l'étang. « Quel jour merveilleux pour paresser ! », pensa-t-elle. Pendant ce temps, Tite-Grenouille bondissait au soleil en faisant l'aller-retour entre un gros champignon et l'étang. C'était le matin à la ferme et Tite-Grenouille était prête à s'amuser.

« Réveille-toi ! Réveille-toi ! cria-t-elle à Grosse Grenouille. Viens, c'est le moment de jouer ! »

Hip! Hip! Hip! Tite-Grenouille partit vers l'étang.

Les yeux de Grosse Grenouille étaient maintenant grands ouverts.

Hop! Hop! Hop! Elle suivit sa compagne et ensemble, elles traversèrent l'étang pour arriver dans la cour de la ferme tout en jouant à saute-mouton et à cache-cache.

Elles s'amusaient tellement qu'elles oublièrent que c'était l'heure de la traite des vaches à l'étable.

Et… plouc, plouc! Elles sautèrent en plein dans un seau de lait fraîchement trait.

Les bords du seau étaient très glissants et les grenouilles ne pouvaient plus en ressortir.

«Au secours! À l'aide!», s'écria Grosse Grenouille, mais c'était inutile.

Personne ne vint à leur secours.

Espérant pouvoir s'échapper, les deux grenouilles se mirent à pagayer en rond le long de la paroi du seau de lait.

Elles nagèrent ainsi pendant des heures et des heures.

Grosse Grenouille se mit à nager de plus en plus lentement. Finalement, elle gémit: «Pourquoi continuer à nager? Nous mourrons ici dans ce seau. Je suis tellement fatiguée, je ne pourrai pas nager plus longtemps.»

«Continue! Continue!» l'encouragea Tite-Grenouille en barbotant dans le seau. «Tu dois faire preuve de courage, sinon tu vas te noyer. N'abandonne pas, tiens bon!» Et ensemble, elles continuèrent encore un certain temps à faire des efforts.

Mais bientôt, Grosse Grenouille s'arrêta de nager. «Ma petite amie, dit-elle en suffoquant, ça ne sert à rien ! Nous ne pourrons jamais sortir d'ici. J'abandonne, j'arrête de lutter !»

Et… il en fut ainsi.

Alors, Tite-Grenouille resta seule. Elle se dit en elle-même: «Eh bien, si j'abandonne, je vais mourir aussi. Je vais donc continuer à nager!»

Deux heures de plus s'écoulèrent et les pattes de Tite-Grenouille ne pouvaient presque plus bouger.

«Je n'en peux plus!», gémit-elle. Et soudain, elle pensa à ce qui était arrivé à Grosse Grenouille.

Avec ce qu'il lui restait de force en elle, Tite-Grenouille s'écria: «Même si je meurs en nageant, je n'abandonnerai pas, je continuerai mes efforts.»

«Tant qu'il y a de la vie, il y a de l'espoir!»

Débordante de courage, Tite-Grenouille sentit à nouveau la vie et l'énergie picoter dans ses pattes et elle accéléra la cadence en nageant et nageant encore en rond dans le seau de lait.

« Flac floc ! Flac floc ! » Pendant longtemps, ce furent les seuls sons qu'elle entendit. Et puis…, elle commença à en entendre un nouveau : « Ploc ! Ploc ! Ploc ! » Les petites vagues blanches du lait s'étaient transformées en crème épaisse. Alors, ce fut encore plus difficile de nager, mais Tite-Grenouille continua pourtant de toutes ses forces.

Puis tout à coup, elle sentit quelque chose sous elle. Elle jeta un coup d'œil et vit ses deux pattes reposer sur un monticule. Tout en nageant, elle avait baratté la crème en beurre ! Dans un grand élan de joie, Tite-Grenouille bondit hors du seau...

totalement libre !

Ce soir-là, tout en sau-
tillant joyeusement dans les
hautes herbes, la petite
grenouille sourit à la lune et
eut cette pensée : «Maintenant, je sais que c'est vrai. Il
y a toujours de l'espoir!»

«Désormais, plus jamais je n'abandonnerai!»

Et elle ne l'a jamais fait.

Paramahansa Yogananda
(1893-1952)

Il y a plus d'un siècle vécut en Inde un garçon nommé Mukunda. Quelque chose de très spécial le caractérisait: même jeune enfant, son grand amour de Dieu et des gens touchait profondément sa famille et ses amis.

Peu de temps après ses études secondaires, il rencontra un sage qui lui enseigna comment consacrer sa vie entière à aimer Dieu et à aider les autres.

Après l'université, Mukunda devint moine comme son maître et reçut un nouveau nom: Yogananda. Il fonda une école « d'art de vivre » pour les enfants. En plus des cours habituels, il apprit aux enfants comment mener une vie bonne et heureuse et il leur racontait souvent des histoires comme celle de ce livre.

Quelques années plus tard, Yogananda se rendit en Amérique pour enseigner à d'autres gens ce qu'il avait appris en Inde. Il écrivit de nombreux livres remplis de son extraordinaire sagesse, dont son œuvre la plus célèbre: *Autobiographie d'un yogi*. Aujourd'hui, il est reconnu dans le monde entier comme un grand maître spirituel.

Pour en savoir plus sur Paramahansa Yogananda
et la *Self-Realization Fellowship*, visitez le site:
www.yogananda.org

www.ingramcontent.com/pod-product-compliance
Lightning Source LLC
Chambersburg PA
CBHW040856100426
42813CB00015B/2813